AF336302

RAPPORT

AU DIRECTOIRE EXÉCUTIF

PAR LE MINISTRE DE LA GUERRE,

Du 30 Fructidor, an 6.

CITOYENS DIRECTEURS,

S'il m'était possible de dévancer l'époque où chacun de vos ministres doit rendre un compte public de sa gestion, je me hâterais de présenter celui de mon administration dans le moment où elle vient d'être attaquée avec tant d'amertume ; mais puisqu'il faut différer cet acte solemnel, pour donner à ce travail le complément nécessaire, et pour rassembler les élémens qui doivent lui servir de base, qu'il me soit permis, en attendant, citoyens Directeurs, de vous présenter l'apperçu moral de ma gestion, afin de vous mettre en état, non seulement de pressentir les résultats du compte définitif, mais encore d'apprécier les allégations qu'on a si légèrement hasardées sur quelques opérations de mon ministère.

D'abord on peut être surpris que cette agression ait particulièrement été dirigée contre le ministre de la guerre, le seul qui ait eu le bonheur de pouvoir vous proposer une diminution considérable dans les dépenses de l'an 7, diminution de 40 millions au moins, et qui indique d'une manière indirecte que pareille économie se trouvait déjà opérée sur les dépenses de l'an 6. Celui-là a-t-il donc mal géré, qui, grevé de plus de charges que son prédécesseur, a cependant dépensé près de 80 millions de moins ? Eh ! ne croyez pas, citoyens Directeurs, qu'il entre dans cette assertion le moindre desir de déprécier ce que peut avoir fait de bien mon prédécesseur ; mais puisqu'il a plu à quelques hommes, mal instruits sans doute, d'opposer sans cesse sa gestion à la mienne, pour en tirer contre cette dernière des inductions défavorables, il m'importe de vous en offrir la comparaison, et de vous démontrer

A

par des rapprochemens précis, dans combien d'erreurs ils se sont laissés entraîner.

Une vaste administration ne peut se juger que par ensemble et par ses résultats. Celui qui en scrute les parties isolément, et les détache, pour ainsi dire, de leur tout s'expose à porter un jugement faux.

On a avancé que les marchés passés depuis mon ministère étaient clandestins, et onéreux au trésor public; on a proposé que toutes les fournitures fussent soumises à l'adjudication publique et au rabais.

J'ignorais que l'on pût appeler clandestins, des marchés passés pardevant un notaire public; des marchés imprimés et envoyés aux ordonnateurs des armées et des divisions, et communiqués par eux aux commissaires des guerres; des marchés enfin dont les prix sont long-tems débattus et comparés aux propositions souvent faites par une centaine de prétendans.

La proposition d'adjuger publiquement et au rabais toutes les fournitures, n'est pas nouvelle; elle a même été rejettée dans l'an 5, au Conseil des anciens; cependant, vous vous rappellerez sans doute, citoyens Directeurs, qu'en entrant au ministère j'en fis la proposition formelle, et que ce ne fut qu'à la suite d'une discussion approfondie, à laquelle fut appelé le ministre des finances, que vous décidâtes qu'il fallait s'en tenir aux entreprises et s'aider du crédit des fournisseurs, parce qu'on ne pouvait compter sur une rentrée progressive de fonds, égale à la dépense.

Obligé de recourir aux entreprises, il a fallu faire des traités. Est-il vrai que ces traités soient onéreux au trésor public? C'est sur quoi un examen sévère et approfondi mettra le Directoire à portée de prononcer.

Pour prouver qu'ils sont onéreux, il faut savoir si les prix sont plus élevés que ceux accordés par mes prédécesseurs. Il faut plus, il faut examiner s'ils sont hors de proportion avec le prix réel des matières dans le commerce, en y ajoutant les frais nécessaires à la manutention et au transport.

Ici, j'ai à combattre les erreurs proclamées à la tribune du Conseil des anciens par un représentant du peuple chargé du rapport sur les dépenses de l'an 7. Il a affirmé que les prix stipulés dans ces marchés, excédaient ceux accordés par le précédent ministre; il a affirmé non moins solemnellement, que mon prédécesseur avait assuré le service des dix premiers mois de l'an 5, avec des sommes beaucoup moins fortes, proportionnellement, que celles demandées pour l'an 7.

Si ce représentant du peuple eût demandé des renseignemens au ministère de la guerre, les eût pesés et les eût approfondis, il se serait épargné bien des erreurs et peut-être des regrets. Il n'eût point appuyé ses conjectures d'assertions inexactes, et que je vais, citoyens Directeurs, redresser par l'exposition pure et simple des faits.

Je ne m'attacherai point à suivre pas à pas le rapporteur, je me fixerai aux objets les plus importans.

Vivres-pain.

Le représentant Lacuée, en annonçant, pages 17 et 18 de son rapport, que le prix de la ration de pain, loin d'être diminuée, a encore augmenté, suppose que par les traités faits avec le précédent ministre et consignés dans son compte imprimé, la ration coûtait,

Dans les divisions du Nord........ 3 s. 4 d.

Dans celles de l'Ouest............ 4

Dans celles du Midi.............. 4

Et que par un traité du 29 prairial, la ration

dans le Nord coûte.............. 4

Dans l'Ouest.................... 4   2 d.

Dans le Midi.................... 5   4

On ne voit pas où le citoyen Lacuée a pris les bases des marchés attribués au ministre Petiet dans les divisions; il n'existait au 1er. thermidor de l'an 5, que 4 marchés pour le Nord, le Midi et l'Ouest.

Ces quatre marchés étaient

1°. Celui de la compagnie Godard dans les 1ere, 2e, 3e, 5e, 6e, 24e, 25e. divisions, dont le prix du pain était à.. 4 s. 10 d.

Dans la 4e................................ 3   4

2°. Celui de la compagnie Boiverd,

Paris et places environnantes, partie

de la 17e. division.................... 3 s. 6 d.

Ravet, autre partie de la 17e. division 4

Prix commun 3 s. 9 d.

3°. Celui de la compagnie Ravet, pour les 9e, 10e, 11e, 12e, 13e, 14e, 15e, 16e, 18e, 20e, 21e et 22e. divisions à.. 4 s.

A 2

4°. Celui de la compagnie Fourcy, pour les 7° et 23° divisions, à.................................. 6 s. 3 d.

Et dans les 8° et 19° divisions........ 4

Pour trouver le terme moyen de ces divers marchés d'une manière juste, il convient de multiplier le prix de chaque arrondissement par le nombre de divisions qu'il comprend, et, en divisant le total par le montant général de toutes les divisions, on trouvera le prix commun de la ration : ainsi,

Les 7 premieres div. à 4 s. 10 d. forment	33 s.	10 d.
1 à.................. 3 .. 4	.... 3 ... 4
1 à.................. 3 .. 9	.... 3 ... 9
12 à................. 4	.... 48 ...
2 à.................. 6 .. 3	.... 12 ... 6
2 à.................. 4	.... 8 ...
25	Total............ 109 s. 5 d.

D'où il résulte que 109 s. 5 d. divisés par 25 divis., réduisent le prix commun de la ration de pain à 4 s. 4 d. $\frac{13}{25}$.

En prenant la même marche pour les divers marchés passés dans le cours de mon administration, ou aura le résultat suivant :

Au 1er. frimaire, j'ai résilié le marché de la compagnie Ravet, et lui ai substitué celui de la compagnie Ouin aux prix ci-après :

Dans les 7°, 8°, 19° et 23° divisions à...... 5 s. 4 d.

Dans les 12°, 13°, 14°, 16°, 18°, 21°, 22° div. à 3 10 d.

Ce marché a eu son exécution depuis le 1er. frimaire jusqu'au 1er. messidor.

La compagnie Wauthier a eu le service des 9°, 10°, 11° et 20° divisions militaires à............ 4 6 d.

Au 1er. brumaire, les 4°, 5° et 6° division, portion de l'arrondissement dont était chargée la compagnie Godard, lui ont été retirées et confiées à la compagnie Charpentier à... 3 s. 6 d.

Ce marché expiré au 1er. pluviôse, la compagnie Petit a repris ce service, et a été chargée des 2°, 3°, 4°, 5° et 6° divisions, à raison de................... 4 s.

Le marché Godard étant entièrement expiré, le citoyen Lonnoy a été chargé des 24° et 25° divisions, à 3 s. 10

Enfin, la compagnie Boiverd a eu le service de la 17 division à............................... 3 3

Et des 1ere et 15° divisions à................ 3 10

Afin de trouver le prix commun des divers marchés, on va opérer comme ci-dessus.

4 divisions ,	à 5 s.	4 d....................................	21 s.	4 d.
7 *id.*	à 5	10....................................	26	10
4 *id.*	à 4	6....................................	18	»
3 *id.*	à 3	6....................................	10	6
5 *id.*	à 4	»....................................	20	»
2 *id.*	à 3	10....................................	7	8
1 *id.*	à 3	3....................................	3	3
2 *id.*	à 3	10....................................	7	8
28			115 s.	3 d.

Il résulte que 115 s. 3 d. divisés par 28 , forment un prix commun de 4 s. 1 d. $\frac{11}{28}$.

Les marchés passés par le ministre Petiet portent le prix commun de la ration à................... 4 s. 4 d. $\frac{15}{25}$.

Celui du ministre actuel, à................ 4   1 $\frac{11}{28}$.

Différence en moins.................... » s. 3 d. $\frac{89}{700}$.

Il est utile d'observer que jusques au 1er. messidor de cette année , les compagnies ont été chargées des équipages sur le prix de la ration , comme les compagnies antécédentes.

Après avoir comparé le résultat des marchés des divisions , je passerai à celui des armées. Il faut considérer que si, dans les divisions, il y a eu 3 den. $\frac{89}{700}$ de bénéfice par chaque ration , il a été bien plus considérable aux armées , comme le calcul suivant va le démontrer.

D'après son rapport, les prix des traités aux armées du Nord , étaient, sous le ministre Petiet, de 4 s. 10 d.

Au Midi, de...................................... 6 s. 3 d.

Ils ont été sous mon ministère , depuis le 1er. frimaire jusqu'en messidor ,

Au Nord, équipages compris, 4 s. » d. { Calculés sur le marché le plus élevé:

L'armée d'Italie, jusqu'au 1er. floréal, a été nourrie sur le pays ; mais depuis le traité avec la Cisalpine, et en vertu du marché Baudin, le prix de la ration est, équipages compris, de.................... 5 s. 4 d.

Il y a donc eu bénéfice

Au Nord, de.. 10 d.

Au Midi, de.. 11 d.

Au 1er. messidor, d'après les intentions du Directoire, je réunis toutes les compagnies partielles en une générale.

Cette réunion, nécessitée par la pénurie des fonds alors à la disposition du gouvernement, a eu pour but de réunir les ressources en une seule main, de faciliter les négociations des valeurs du gouvernement, qui, divisées en plusieurs parties prenantes, éprouvaient un discrédit préjudiciable.

La compagnie Ferdinand fut composée des principaux membres des entreprises alors en activité. Le gouvernement leur devait beaucoup, et ils demandèrent une augmentation en raison des avances considérables qu'ils avaient faites, des pertes et des retards qu'ils s'attendaient à éprouver dans les recouvremens de la portion de fonds qui leur serait assignée sur les quarante millions décrétés par le Corps législatif pour le service des quatre derniers mois; cette augmentation leur fut accordée. Le prix, dans les divisions du Nord, fut porté à...... 4 s. » d.

Dans celles de l'Ouest, à............... 4   2

Et dans celles du Midi, à.............. 5   4

Il résulte, suivant le calcul par divisions, un prix commun de 4 s. 3 d.

Ainsi, la ration de pain a coûté dans l'intérieur, depuis le 1er. frimaire jusqu'au 1er. messidor, espace de sept mois, 4 s................... 28 s.   » d.

Depuis messidor jusqu'au 1er. vendémiaire, trois mois, 4 s. 3 d........... 12   9

Total, dix mois......... 40 s.   9 d.

Prix commun.... 4   » $\frac{9}{10}$.

Il y a encore bénéfice sur les marchés du citoyen Petiet, de 3 d. $\frac{1}{2}$.

C'est ici le cas de parler des équipages, que le citoyen Lacuée ajoute au prix intrinsèque de la ration de l'intérieur, à raison de 18 deniers par ration, d'où il conclut qu'il y a perte de 8 deniers, au Nord; à l'Ouest, de 10 deniers; et au Midi, de 7 deniers.

J'observerai d'abord qu'il n'existe aucuns frais d'équipages dans l'intérieur, où les établissemens rapprochés des troupes, les mettent à portée de recevoir leur pain; les entrepreneurs étant d'ailleurs obligés de le transporter dans les cantonnemens, il n'y aurait donc qu'à l'armée qu'il faudrait ajouter ces frais au prix de la ration; mais celui de 18 deniers, supposé par le citoyen Lacuée, est hors de toutes les données connues, et je vais le prouver.

Je suppose l'effectif d'une armée à 120,000 hommes ; cela posé, je vais calculer ce que coûterait le transport de 120,000 rations par jour, en établissant même tous les corps de l'armée à une distance de 5 à 6 lieues de la manutention. Cent vingt mille hommes exigent, pour les vivres, 450 voitures à 4 chevaux, et on peut assurer que sous le régime des entrepreneurs, il n'y en a jamais eu autant en activité (1). Il faudrait donc 1800 chevaux ; ces 1800 chevaux, à raison de 2 liv. 11 s. par jour, prix que j'ai accordé à la compagnie Manget, chargée jusqu'au 1er. messidor des équipages militaires, coûteraient 4590 l. , et feraient revenir le transport de la ration à 9 deniers.

Je suppose donc, d'après les erremens mêmes du citoyen Lacuée, la ration payée dans le Nord......... 4s. » d.

Dans l'Ouest............................... 4 2

Dans le Midi............................... 5 4

13 6

Prix commun............................. 4s. 6 d.

En y ajoutant pour transport............... » 9

elle reviendrait à........................ 5 3

La ration était payée au Nord............. 4s. 10d.

au Midi.................................. 6 3

Total...... 11 1

Prix commun............................. 5s. 6 d.$\frac{1}{2}$

Bénéfice................................. » 3 $\frac{1}{2}$

Et si l'on voulait déduire le prix des transports sur toutes les rations distribuées, tant dans l'intérieur qu'aux armées, ce qui serait juste, puisque le prix commun est établi sur toutes les consommations en général, la consommation dans l'intérieur étant d'un tiers environ de celle des armées, le prix d'équipage se réduirait à 6 deniers.

Tels sont les calculs réduits à leur juste proportion.

---

(1) Il y a dans ce moment une portion de caissons, à deux roues, qui ne sont attelés que de trois chevaux, et qui comportent 1000 rations comme ceux à quatre roues. Ils sont susceptibles d'une grande économie, et donnent plus de facilité aux transports dans les mauvais chemins.

A 4

Il importe maintenant de prouver que, d'une part, la distraction des équipages des vivres n'est pas une aussi mauvaise opération que le prétend le rapporteur ; que de l'autre, cette mesure ne compromet pas le service d'une armée qui entrerait en campagne.

Les premières compagnies des vivres reçurent, sur prix d'estimation, tous les chevaux et voitures des équipages ; elles s'emparèrent aussi de tous les atteliers de construction et réparation, avec les ustensiles et matières qu'ils contenaient.

Tous ces moyens les mettaient sans doute à portée d'entretenir leurs équipages, et de remplacer à mesure les chevaux que le service ou les événemens de la guerre pourraient détruire : on pouvait exiger que le transport du pain se fît exactement et à leur compte, au moyen du prix qui leur était alloué. Rien de tout cela n'était exécuté ; la moitié des équipages nécessaires manquait aux armées ; le transport ne se faisait qu'au moyen de voitures de réquisition, dont le pays était grevé, et que les entrepreneurs ne payaient point.

En remettant le service, ces entrepreneurs avaient détruit ou laissé perdre les trois quarts de ce qui leur avait été remis ; il n'existait plus que des chevaux hors de service, des caissons délabrés, et des atteliers absolument dépourvus. Tenus de ne remettre qu'en valeur les objets qui leur avaient été cédés à vil prix, ils ne couraient aucun risque ; et le gouvernement était dans l'alternative, ou de laisser manquer ce service, ou de donner à grands frais aux entrepreneurs entrans de nouveaux moyens pour le faire ; tandis que s'il eût conservé dans sa main tous ceux qu'il avait auparavant, et les eût entretenus avec économie, il se serait trouvé toujours au pair de ses besoins. Si même, par des circonstances extraordinaires, il eût fallu recourir à des réquisitions, cette mesure eût au moins tourné à l'avantage du trésor public.

Les équipages ne sont nécessaires qu'aux armées, et le peu que les entrepreneurs conservaient, était dispersé dans l'intérieur ; on payait donc en pure perte, dans le prix intrinsèque de la ration, des transports qui n'existaient point. C'est pour parer à ces inconvéniens que j'ai repris, pour le compte du gouvernement, les équipages des vivres. J'ai rassemblé les débris des caissons et des objets des parcs, pour en composer un corps organisé et susceptible d'un bon service. J'ai la satisfaction d'assurer le gouvernement

que les moyens de transports nécessaires aux armées sont
en bon état et prêts, s'il en est besoin. J'ai fait plus; afin
d'éviter à l'armée le conflit des réquisitions en denrées et
des achats par les fournisseurs, source intarissable d'abus,
j'ai réduit leurs fonctions à celles de manutentionnaires
simples des denrées versées dans leurs magasins.

Il avait été pourvu au versement, dans les pays conquis
sur la rive gauche du Rhin, par des adjudications publi-
ques et au rabais; mais les prix exorbitans qui en sont
résultés, n'ayant pas répondu à mon attente, j'ai accepté
une soumission plus avantageuse.

Le quintal de froment était porté par les adjudications
de 15 à 16 livres le quintal; je l'ai réduit à 12 livres; celui
du seigle était porté à 14 livres; je l'ai réduit à 9 livres.
J'espère encore obtenir par de nouveaux moyens, des con-
ditions plus favorables.

Il résulte de ces prix, que le quintal mélangé aux trois
quarts froment et un quart seigle, les quinze livres de son
déduites, revient au prix commun de 10 livres 1 sous,
ce qui porte la ration brute à . . . . 2 s. 8 d.
J'accorde pour manutention . . . . 1 »
Les équipages coûteront . . . . » 9
                                                    ————————
                                                       4 s. 5 d.

Ce mode procurera un bénéfice net sur les anciens
marchés de 5 deniers; et je pense avoir prouvé que le
service en sera pleinement assuré.

Tous ces détails, dans lesquels j'ai cru devoir entrer,
suffiront sans doute pour convaincre le citoyen Lacuée, que
ses calculs manquent d'exactitude. Je terminerai cet article
par relever encore une erreur de fait, échappée au cit. Lacuée.
Il dit que la compagnie des vivres livrait en 1788, la ration
de pain à 33 deniers; oui, pour le Nord; mais elle coûtait au
Midi 52, ce qui faisait un prix commun de 3 s. 6 den. $\frac{1}{2}$.
Ajoutez-y un sixième environ pour l'extraction de quinze
livres de son et les frais de bluttage, la ration serait encore
à 4 s. 1 d. $\frac{1}{2}$. Cette différence avec les marchés actuels n'est
pas aussi énorme que le rapporteur semble l'annoncer. Elle
ne doit d'ailleurs rien faire préjuger en ce moment. La paix
consolidée, il n'y a point de doute sur la possibilité de
ramener les marchés au taux de 1788.

Fourrages.

Le citoyen Lacuée prétend que, d'après les anciens

marchés, le prix de la ration de fourrage n'était que de 20 sous. Encore un rapprochement des anciens et des nouveaux marchés pour le convaincre.

Les compagnies Godard et Ravet avaient pour l'intérieur.. 20 s. »
   Celle Fourcy, pour le Midi........................ 30 s. »
   Celle Freydier, pour la 17e. division..... 19   3 d.

                Total............ 69 s. 3 d.
Prix commun de la ration................... 23 s. 1 d.
Les marchés actuels de la compagnie Ferdinand portent au Nord.. 19 s. »
   A l'Ouest.. 20   »
   Au Midi... 28   »

                Total............ 67 s. »
Prix commun....................................... 22 s. 4 d.
Bénéfice par ration............................... »   9

Je ne parle point ici des marchés que j'ai faits depuis le 1er. frimaire jusqu'au 1er. messidor, qui présenteraient un bénéfice plus considérable.

Le mode, adopté pour les vivres, a lieu aux armées pour les fourrages; l'entrepreneur n'est chargé que de la manutention, et il en résultera encore du bénéfice. On sait d'ailleurs qu'il n'y a point d'équipages affectés à ce service; le transport se fait par des voitures de réquisition, ou les cavaliers vont chercher leur fourrage en trousse.

Approvisionnemens extraordinaires des places.

Le citoyen Lacuée a observé que le prix de la manutention des approvisionnemens de siége, coûterait plus d'un cinquième du prix principal d'achat, parce que l'apperçu des fonds de l'an 7 présentant une demande de 2,700,000 liv. pour les achats, la manutention y a été évaluée à 600,000 liv. Il n'a sans doute pas observé que la demande de 2,700,000 liv. ne s'applique pas à l'achat de tout ce qui est nécessaire au complément des approvisionnemens, qui monteraient beaucoup plus haut, mais seulement à ce qu'il faudra acheter pour renouveller les denrées, que leur ancienneté et la crainte d'avarie fera livrer à la consommation ordinaire. Or, la manutention devant porter sur tout ce qui existe dans les magasins, a dû y être proportionnée. L'assertion du citoyen Lacuée n'est donc pas exacte; par exemple : l'eau-de-vie coûte, prix commun d'achat, 25 s. 6 d. la pinte; la manutention revient, d'après le dernier marché, à 2 d. ½ par mois, par an à 2 s. 6 d., et par conséquent à tout au plus un douzième du prix principal.

Le quintal de grain coûte, prix commun, 10 liv. On accorde à la compagnie conservatrice 10 d. par mois, ou 10 s. par quintal par an. La manutention n'est donc que le vingtième du prix de la chose.

Les farines qui sont plus chères et plus susceptibles de détérioration, ne coûtent pas plus d'entretien.

L'expérience a prouvé, contre l'opinion du citoyen Lacuée, que les entrepreneurs chargés à-la-fois de fournir et de conserver, échappent à tous les moyens de surveillance; que receveurs et dépositaires de leurs propres denrées, ils les fournissent médiocres, présentent souvent des fournitures fictives, les entretiennent mal, et ont même intérêt à les détériorer; le mobile de deux intérêts opposés, garantit évidemment celui du gouvernement. La connaissance du cœur humain en donnerait la conviction, quand des exemples frappans n'en fourniraient pas la preuve.

Equipages militaires.

L'expression de *chevaux de peloton* employée à cet article dans l'apperçu des fonds, est effectivement impropre; ils n'existent plus depuis long-tems, et le citoyen Lacuée, qui n'ignore pas que j'ai fait la guerre avec quelque succès, ne devrait pas, ce me semble, exciper de ce terme échappé, pour me supposer capable de faire revivre un système que tous les généraux, ainsi que moi, avons abandonné dès l'an 2, même pendant l'hiver. Il n'ignore pas, sans doute, que chaque corps est suivi à l'armée de ses caissons, pour le port des effets, caisses et papiers. Les dépenses pour cet objet ont été évaluées à un million. Elles étaient portées pour l'an 6, à 8,760,000 liv. Cette différence méritait peut être une observation particulière. Cette économie sensible provient de la mesure que j'ai adoptée, de mettre à la charge des corps l'entretien des chevaux et des caissons, moyennant un abonnement.

Lorsque j'entrai au ministère, je trouvai 9,938 chevaux, destinés à faire ce service. Un nombre aussi considérable me frappa. J'en supprimai dès le mois de nivose 6,938, et j'en réduisis le nombre à 3000. Chaque cheval coûtait à la République 3 fr. par jour, et le gouvernement avait à sa charge la nourriture des employés et charretiers, ce qui revenait à 9 s. par homme. Je réduisis le marché à 51 s. par cheval, sans que le gouvernement fût chargé en aucune manière de la nourriture des hommes. Cette première économie valut à la République près de 5 millions. Je fus ensuite convaincu que cette mesure n'avait pas extirpé tout le mal, et je me déterminai à supprimer la compagnie chargée de ce service. Tel qu'il se fait à présent, 1200 chevaux d'équipages suffisent à une armée de 120,000 hommes effectifs, et ils sont sur ce pied depuis le 1er messidor. Chaque cheval coûtait, par le dernier marché de la compagnie Manget, 76 liv. 10 s. par mois, et ne coûtera plus, d'après le mode adopté, la nourriture et l'entretien compris, que 42 l. 50 centimes.

Equipages d'artillerie.

Le rapporteur a trouvé que la somme de 9,600,000 liv. demandée pour servir les équipages d'artillerie, pourrait être diminuée d'un tiers, au moins. J'ignore sur quelle base ce représentant, quoique militaire, a pu établir son calcul ; voici le mien :

Je suppose seulement que 240 mille hommes composent nos armées actives. Il faudra, au moins, 14 mille chevaux, pour traîner l'artillerie et les attirails accessoires. S'il en doute, qu'il consulte les généraux qui ont commandé les armées, et sur-tout les officiers-généraux d'artillerie.

L'adjudication publique au rabais a porté à 48 sous pour le Nord le loyer d'un cheval, y compris sa nourriture, son entretien, et la solde d'un charretier pour deux chevaux.

A ce prix, 14 mille chevaux coûtent par mois 1 million 128 mille livres, qui, multiplié par douze, donne par an . . . . 13,436,000 l.

Ajoutez 2 mille chevaux pour l'armée d'Angleterre et l'intérieur . . . . 1,728,000 l.

Si l'on ajoute encore le prix plus élevé accordé aux chevaux d'artillerie de l'armée d'Italie, au nombre de 6 mille, il en résultera une augmentation de 1,080,000

Total . . . . 16,244,000 l.

Où est donc la surabondance des moyens présumés par le rapporteur? mais pourquoi me suis-je mis de près de moitié au-dessous de cette somme dans mon apperçu? c'est que ne voulant demander au Corps législatif que le strict nécessaire, j'ai calculé sur les ressources que produirait à l'état le pays ennemi, où la nourriture des hommes et des chevaux serait défalquée aux fournisseurs, suivant la réserve expresse stipulée dans leur marché.

Étapes et convois militaires.

Le citoyen Lacuée annonce une perte sur cette partie de service. Le relevé exact des premières adjudications départementales, porte le prix commun de la ration de bouche à 7 s. 4 d.; des fourrages à 1 l. 4 s. 1 d.; celui du collier à 6 liv. 0 s. 10 d., et celui du cheval de selle à 5 liv. 18 s. 5 d.

Les prix du marché Bayard, depuis le 1er. nivôse jusqu'au 1er. messidor, ont été de 7 s. pour la ration de bouche, et de 19 s. pour celle de fourrages. Il y avait donc bénéfice de 4 d. sur les vivres, et 5 s. sur les fourrages.

Le dernier marché du 1er. messidor a éprouvé une augmentation, par les mêmes raisons que celles détaillées en l'article des vivres-pain. Mais le prix commun de la ration de bouche n'est que de 7 s. 8 d. $\frac{5}{6}$ au lieu de 8 s. 5 d. annoncés par le rapporteur, et les fourrages ne coûtent, prix commun, que 20 s. 11 d., au lieu de 22 s. 4 d. à quoi il les a portés.

Les prix des convois sont les mêmes pour la compagnie Ferdinand. On lui paie 4 l. 14 s. par collier, et 4 l. par chaque cheval de selle. Il y a donc un bénéfice sur les adjudications, de 1 l. 6 s. 10 d. par collier, et de 1 l. 18 s. 5 d. par cheval de selle, et de plus on épargne les frais de l'administration des étapes, qui coûtait de 5 à 600 mille francs.

Il est bon de remarquer ici que quelqu'avantageux qu'eût paru, au premier abord, le mode d'adjudication par département, cet avantage ne s'est pas soutenu. Le défaut de paiement et les retards éprouvés par les adjudicataires, les avaient forcés d'épuiser toutes leurs ressources, ou d'abandonner absolument le service. Les adjudications, qui ont succédées à celles qui étaient dissoutes, ont été élevées à des prix si onéreux qu'il en fût résulté une augmentation considérable de dépense, si je ne m'étais empressé d'y substituer l'entreprise générale.

Après avoir parcouru et discuté les principaux articles du rapport, je ne puis m'empêcher, citoyens Directeurs, de vous faire observer que la plupart des améliorations et suppressions d'abus que propose ce rapport, ont déjà été effectuées pendant mon ministère.

1°. Il a été fait six revues générales, et de rigueur, depuis le mois de messidor an 5 ; les ordres sont donnés pour que dorénavant elles aient lieu chaque mois pour toutes les troupes de la République.

2°. Depuis un an, des modèles de feuilles de prêt et de mutations ont été envoyés à tous les corps de toutes armes, et j'ai la satisfaction de voir que chaque jour amène plus de régularité dans la comptabilité.

3°. Pendant mon ministère, les congés limités, pour affaires, ont toujours été sans appointemens, à moins que des raisons valables n'ayent motivé une exception.

4°. Vous avez pris, sur ma proposition, différens arrêtés pour fixer le nombre d'officiers surnuméraires dans les corps en activité aux armées ; il n'en est pas souffert dans les corps de l'intérieur.

5°. Enfin, le rétablissement des masses d'entretien et d'habillement, que je vous ai proposé, a reçu votre plein assentiment. La pénurie du trésor public a mis s ule, jusqu'à présent, une entrave à cette mesure bienfaisante, dont jouissent déjà, depuis plusieurs mois, les gardes du Directoire et du Corps législatif. Le rapporteur était à portée de s'assurer de ce fait par ses propres yeux.

Enfin, citoyens Directeurs, si j'ai passé sous silence beaucoup d'autres erreurs, plus ou moins remarquables, dans le rapport du représentant Lacuée ; il en est une qui le termine, et à laquelle je dois une attention particulière.

Nous pourrons, dit-il, faire une campagne de 12 mois avec 260 millions, puisque nous avons fait 10 mois, celle de l'an 5°, avec 145 millions.

Voici la preuve du contraire ;

Le service de l'an 5 a coûté 338 millions, qui se composent,

1°. De celle de 134,141,760 livres ordonnancée par le citoyen Petiet (car, conformément à l'arrêté du Directoire exécutif du 21 messidor, j'ai réordonnancé pour lui, la somme de 11,634,058 livres) ci . . 134,141,760 l.

2°. De celle de 125,517,798 livres, que j'ai ordonnancée pour le service de l'an 5°, tant pour les dix mois écoulés que pour les deux subséquens.   125,517,798
                                                        ____
                                                        259,659,558 l.

3°. De celle de 78,745,510 livres, à quoi se monte par calcul approximatif, ce qui reste à solder, et qui est réclamé par divers fournisseurs sur ce même exercice de l'an 5°, ci.   78,745,510
                                                        ____
          Total de la dépense de l'an 5°. . . . . .   338,405,068 l.

Les cinq sixièmes de cette somme qui représentent les dix premiers mois de l'exercice, montent à 282,004,224 l. au lieu de 145 millions que le rapporteur a supposé seulement avoir été dépensés pendant ces dix mois ; l'erreur est de 137 millions.

L'on m'objectera peut-être la réduction que peuvent éprouver par l'apurement des comptes, les 78 millions réclamés par les fournisseurs ; mais dût cette réduction être du tiers, même de moitié, il n'en résulterait pas moins, de la part du rapporteur, une erreur de près de 100 millions.

D'un autre côté, j'observerai que pendant les huit premiers mois de l'an 5, mon prédécesseur n'avait à payer que le quart environ de la solde en numéraire. Si, comme moi, il eût été obligé de la payer en totalité à 300 mille hommes, on eût vu les dépenses de l'an 5 s'accroître de plus de 40 millions, somme qu'il eût fallu ajouter aux dépenses de l'an 5°, pour les comparer à celles de l'an 6.

Cette vérité est d'autant plus sensible que la solde des armées de la République n'a coûté au trésor public en l'an 5, que 75 millions environ, dont 16 seulement ordonnancés par mon prédécesseur, tandis que pendant l'an 6, la solde des troupes a coûté seule au trésor public plus de 108 millions, indépendamment des troupes qui ont été soldées par les républiques Batave, Helvétique, Cisalpine, et même pendant un certain tems, des troupes employées à l'expédition de Toulon.

Si l'on ajoutait aux dépenses de l'an 5, ce qu'auraient coûté 140 mille hommes qui ont été soldés et entretenus par la Hollande et l'Italie , la dépense de cet exercice aurait vraisemblablement encore augmenté de plus de 100 millions.

Après avoir démontré jusqu'à l'évidence la foule d'erreurs dans lesquelles est tombé le citoyen Lacuée , il me resterait encore à le rassurer , s'il était nécessaire , sur la régularité et la promptitude de la reddition de mes comptes.

Le compte public , que je me dispose à rendre , présentera des développemens qui ne laisseront rien à desirer ; et malgré les inquiétudes manifestées , je ne le ferai pas attendre.

Quand , dans des tems difficiles , j'acceptai l'honorable fardeau du ministère de la guerre , je m'imposai cette tâche pour ma propre satisfaction , quand même une loi ne l'aurait pas ordonnée. Ce compte portera la lumière dans toutes les branches de mon administration , et prouvera , je l'espère , que mes efforts n'ont pas été sans succès.

Le ministre de la guerre ,　　　Signé Scherer.

De l'Imprimerie de J. Gratiot et Compagnie , cul-de-sac Pecquay , rue des Blancs-Manteaux,